Walther Ziegler

Smith
en 60 minutes

traduit par
Alexander Reynolds

Je remercie Rudolf Aichner pour sa direction éditoriale infatigable, Silke Ruthenberg pour la délicate réalisation graphique, Angela Schumitz, Lydia Pointvogl, Eva Amberger, Christiane Hüttner, Martin Engler pour la relecture. Je remercie aussi monsieur le Professeur Guntram Knapp à qui je dois ma passion pour la philosophie.

J'adresse des remerciements particuliers à mon traducteur

Dr. Alexander Reynolds

et à Neïl Belakhdar, qui a effectué, en tant que philosophe, une dernière relecture scientifique du texte français.

Ce n'est pas de la bienveillance du boucher, du brasseur, ou du boulanger que nous attendons notre dîner, mais du souci qu'ils ont de leur propre intérêt.[1]

Informations bibliographiques de la Bibliothèque nationale de France :
Cette publication est référencée dans la bibliographie nationale de la Bibliothèque nationale de France.
Les informations bibliographiques détaillées sont disponibles sur internet : www.bnf.fr
© 2019 Dr. Walther Ziegler

Première édition janvier 2019
Conception graphique du contenu et de la couverture: Silke Ruthenberg avec des illustrations de:
Raphael Bräsecke, Creactive - Atelier de publicité, bande dessinée & d'illustrations (dessins)
© JackF - Fotolia.com (cadres)
© Valerie Potapova - Fotolia.com (cadres)
© Svetlana Gryankina - Fotolia.com (bulles entourant les citations)
Édition: BoD – Books on Demand, 12/14 rond-point des Champs Élysées, 75 008 Paris
Impression: BoD – Books on Demand, Norderstedt, Allemagne

ISBN : 9782-3-2210-958-6
Dépôt légal : janvier 2019

Table des matières

La grande découverte de Smith   7

La pensée centrale de Smith   13
    Les quatre époques de l'histoire   13
    La division du travail   24
    Le libre-échange   30
    Le libre jeu de l'offre et de la demande   38
    La main invisible   43
    Les devoirs de l'État   55
    Les impôts comme moyen de redistribution   61

A quoi nous sert aujourd'hui la découverte de Smith ?   64
    La grande vision d'Adam Smith : la richesse pour tout le monde !   64
    Le système de la liberté naturelle – l'avertissement contre l'économie planifiée   70
    Les crises économiques globales – la fin de la « Main Invisible » ?   75
    De l'État « veilleur de nuit » à l'État providence – l'héritage d'Adam Smith   81

Index des citations   89

La grande découverte de Smith

Il peut paraître étonnant que le père intellectuel du capitalisme ait justement été un philosophe écossais spécialiste de questions morales. Adam Smith fut le premier à avoir reconnu et décrit le principe fondamental de l'économie de marché en 1776. On dit encore aujourd'hui de son œuvre principale, *La richesse des nations*, qu'elle est « la Bible du capitalisme ». Et en effet, pendant une période de dix ans, elle fut l'œuvre la plus traduite après la Sainte Écriture.

Cet ouvrage impressionnant, gros de presque neuf-cents pages, fit de Smith (1723-1790) le fondateur d'une science nouvelle : l'économie politique. Il fut le premier à décrire le mécanisme central du capitalisme et à articuler la formule magique du libre jeu de l'offre et de la demande. Sa théorie de la « main invisible » se propagea dans le monde entier et forme jusqu'aujourd'hui le noyau du modèle capitaliste du marché.

Mais l'œuvre de Smith ne se limite pas à la description précise du mode de fonctionnement du capitalisme. Il nous explique aussi, en philosophe, pourquoi le marché libre représente la meilleure forme d'organisation de la vie économique du genre humain. Son explication est simple mais bouleversante. Chaque homme, dit-il, est par nature égoïste et cherche avant tout à réaliser ses propres intérêts. L'économie de marché répond à cette tendance commune à tout le genre humain, qu'on pourrait presque qualifier de pulsion innée, en donnant à chacun la possibilité de faire croître sa richesse. En travaillant à faire croître son niveau de vie, chacun concourt, sans le vouloir, au bien de la société entière :

> En poursuivant son propre intérêt, il fait souvent avancer celui de la société plus efficacement que s'il y visait vraiment.²

Le mode de production capitaliste transforme donc, comme guidé par une main invisible, le désir de gain des entrepreneurs en prospérité générale. Les producteurs, en concurrence permanente, n'ont certes que leur profit en tête, mais c'est précisément cette concurrence qui permet aux consommateurs de trouver des rayons de supermarchés remplis de produits à bon marché. Pour garantir une telle prospérité générale, il suffit de laisser leur liberté aux individus à la recherche de leur profit. Smith prônait pour cela l'abolition de tous les droits de douane et de toutes les restrictions corporatives, jetant ainsi les fondements du libéralisme transfrontalier, dit « globaliste », d'aujourd'hui :

> En général, si une branche d'activité, ou une division du travail est avantageuse au public, elle le sera toujours d'autant plus que la concurrence est plus libre et plus générale.[3]

Quelle ironie de l'histoire : l'auteur de ce plaidoyer pour une concurrence générale et libre était fils d'un douanier en Écosse, pays dont les habitants sont dits être particulièrement économes, voire avares. A cet égard, Smith n'est fils ni de son père ni de son pays. Il était très en avance sur son époque en croyant que, une fois les droits de douane abolis, le libre échange à l'échelle mondiale et une production capitaliste effrénée arriveraient finalement à garantir la prospérité de tous :

C'est la grande multiplication des productions de tous les différents arts consécutive à la division du travail qui donne lieu dans une société bien gouvernée à cette opulence universelle qui s'étend jusqu'aux rangs les plus bas du peuple.[4]

Smith était le premier à reconnaitre la force explosive de l'industrialisation. Avec sa description et sa légitimation du capitalisme, il jeta les fondements économiques et intellectuelles du monde occidental d'aujourd'hui. Même ceux qui ne partagent pas ses idées lui accordent ce mérite. L'économiste Schumpeter, par exemple, a écrit que *La richesse des nations* est « le livre qui a eu le plus de succès, non seulement parmi tous les ouvrages sur l'économie, mais aussi, peut-être à l'exception de *l'Origine des espèces* de Darwin, parmi tous les livres scientifiques qui sont parus jusqu'à ce jour. »[5]

La plupart de nos élites économiques et politiques ont lu cette œuvre de Smith avec beaucoup d'attention. La « dame de fer » Margaret Thatcher en a même fait, à l'époque où elle était premier ministre de la Grande Bretagne, une lecture obligatoire pour tous les membres de son cabinet, s'assurant dans des groupes de discussions que ses ministres avaient bien « fait leurs devoirs ». Les élites économiques de toutes les nations connaissent donc bien les idées de Smith. Mais au fond, tout individu vivant dans une économie de marché -ce qui est le cas pour une grande majorité d'entre nous- devrait connaître les éléments centraux de la pensée de Smith. Car la « main invisible » et le « libre jeu de l'offre et de la demande » ne sont pas de la pure théorie, mais constituent au contraire le cœur de notre monde capitaliste. La connaissance des fondements économiques et philosophiques de l'ordre social sous lequel nous vivons actuellement et sous lequel nous allons, très probablement, vivre le reste de notre vie, est indispensable à chacun de nous.

La « main invisible » fonctionne-t-elle vraiment ? L'énergie de l'égoïsme se transforme-t-elle vraiment en prospérité collective ? Peut-on donc se fier sans réserve aux lois du marché ? Les réponses que Smith donne à ces questions ne manquent pas de nous convaincre.

La pensée centrale de Smith

Les quatre époques de l'histoire

Au tout début de *La richesse des nations*, Smith entreprend le projet ambitieux de résumer, en un seul chapitre, toute l'histoire du monde. Il divise cette histoire en quatre époques : celle de la chasse ; celle du pâturage ; celle de l'agriculture ; et celle – la sienne et encore la nôtre – de l'industrie et du commerce. Le moteur de l'histoire est toujours l'intérêt particulier ou – comme dit Smith – l'aspiration à de meilleures conditions de vie et à l'opulence. Cette aspiration, dit Smith, est une qualité innée et essentielle à l'être humain. Nous sommes sans cesse poussés par notre désir de garantir et d'améliorer notre niveau de vie :

[un] désir qui, quoique généralement calme et sans passion, naît avec nous au monde et ne nous lâche plus jusqu'à la tombe.⁶

Smith est donc fondamentalement convaincu que l'être humain est, par essence, égoïste. Mais pour Smith, cet égoïsme essentiel de l'être humain n'a rien de condamnable, mais est, au contraire, la source de tout progrès. Car, écrit-il, « les plaisirs de la richesse et de la grandeur [...] frappent l'imagination comme quelque chose de grand, de beau et de noble dont l'obtention mérite amplement le labeur et l'angoisse que nous sommes portés à lui consacrer. » [7] Dans l'espoir d'atteindre la prospérité, l'homme est prêt à s'évertuer et à prendre tous les risques. Il arrive certes souvent que l'individu, une fois arrivé à ce but, n'y trouve pas la joie qu'il s'attendait à y trouver. Mais les peines et les efforts qu'il aura fournis durant des années auront, indirectement, amélioré aussi les conditions de vie de ses concitoyens :

> Et il est heureux que la nature nous abuse de cette manière. C'est cette illusion qui suscite et entretient le mouvement perpétuel de l'industrie du genre humain. C'est elle qui d'abord incita les hommes à cultiver la terre, à construire des maisons, à fonder des villes et des états, à inventer

> et améliorer toutes les sciences et tous les arts qui ennoblissent et embellissent la vie humaine ; c'est elle qui a changé entièrement la face du monde, qui a transformé les forêts naturelles incultes en plaines fertiles et agréables, qui a fait de l'océan vierge et stérile [...] la grande route de la communication entre les différentes nations de la terre.[8]

C'est donc l'intérêt particulier qui fait avancer l'histoire et le processus de civilisation. La première et plus basse étape de ce processus est l'époque des chasseurs-cueilleurs : l'individu y gagne sa vie en chassant du gibier et en cueillant les fruits de la terre. A cette époque, il n'y a pas de propriété privée. La chasse au gibier est une activité collective et le butin est partagé entre tous les membres de la tribu. Smith nomme, comme exemple d'une culture de chasseurs hautement développée, les Indiens d'Amérique qui se déplaçaient en suivant les mouvements des troupeaux de bisons à travers les grandes prairies.

Dans un tel peuple, un individu ne pouvait amasser beaucoup de biens personnels, ceux-ci devant être transportés par des chevaux lors des déplacements permanents. Cette époque de l'histoire était, en conséquence, une époque de grande égalité sociale. Elle ne connaît même pas de gouvernement au sens moderne, puisque

> Là où il n'y a point de propriété [...] un gouvernement civil n'est pas si nécessaire.[9]

La deuxième grande époque de l'histoire est celle du pâturage. L'humanité découvre qu'on fait mieux, au lieu d'aller chasser les bêtes dans les forêts et sur les prairies, d'élever celles-ci soi-même sur des fermes et des pâtures. Dorénavant, on gagne sa vie en domestiquant des animaux. Des premières formes de propriété s'établissent, sous forme de chameaux, de moutons, de bœufs et d'autres animaux d'élevage. Mais il n'existe toujours pas de gouvernement.

Celui-ci n'apparait qu'à l'époque suivante : celle de l'agriculture. C'est par la culture des champs que les hommes s'assurent désormais leur existence, ce qui nécessite de circonscrire et de délimiter par des clôtures des surfaces entières. Nous voyons, pour la première fois, une propriété terrienne qui a pour conséquence une dépendance totale de ceux qui ne possèdent rien vis-à-vis des propriétaires.

Les esclaves, serfs et autres vassaux ne sont pas que dépendants matériellement, de par les corvées qu'ils sont obligés d'accomplir, ils sont également tenus à la terre du seigneur, c'est-à-dire qu'ils ne peuvent pas la quitter et doivent même demander la permission du seigneur pour se marier. Une telle dépendance unilatérale, dit Smith, a fait stagner la production sociale :

Un homme qui n'acquiert point de propriété ne peut avoir d'autre intérêt que de manger autant que possible et de travailler aussi peu que possible.[10]

Cette citation témoigne encore une fois de la conviction fondamentale de Smith, selon laquelle le mobile principal de l'être humain est son intérêt particulier. Puisque l'homme est égoïste par nature et qu'il ne cherche jamais que son propre avantage, l'esclave ou le vassal travailleront le moins qu'il leur est possible. Ils n'auraient en effet aucun avantage à travailler plus que nécessaire, puisqu'il leur faudra de toute façon rendre toute la récolte de leurs champs au seigneur terrien. Les richesses accumulées par celui-ci deviennent de plus en plus une cause de mécontentement parmi ses vassaux :

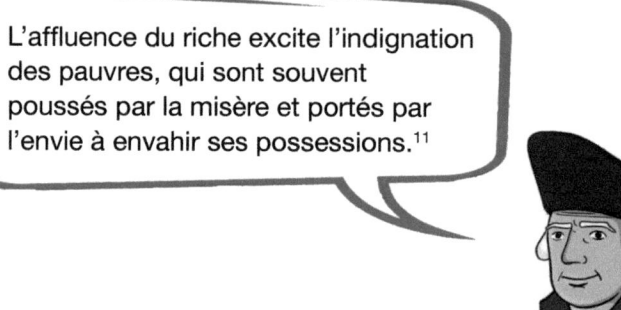

L'affluence du riche excite l'indignation des pauvres, qui sont souvent poussés par la misère et portés par l'envie à envahir ses possessions.[11]

À cette étape du développement historique, la dépendance des paysans et des serfs est également juridique, le seigneur terrien étant aussi législateur et juge. Pour la première fois dans l'histoire, cette société féodale a besoin d'un gouvernement et d'autres administrations civiles, pour légitimer et protéger les inégalités :

> Ce n'est que sous le couvert du magistrat civil que le propriétaire de ces biens [...] peut dormir tranquille ne serait-ce qu'une seule nuit.¹²

Smith défend donc une thèse similaire à celle que proposera Karl Marx presque un siècle plus tard selon laquelle l'État aurait été, à l'origine, un outil de la classe dominante pour maintenir et protéger les inégalités. Mais cela va changer à la prochaine étape.

Lors de la transition vers la quatrième époque de l'histoire du genre humain – c'est-à-dire vers notre époque actuelle de l'industrie et du commerce – cette histoire prend un tournant inattendu. Smith parle ici d'un changement révolutionnaire, ou de « la grande révolution ». Il défend la thèse qu'il n'y a eu, au fond, qu'une seule véritable révolution et qu'il ne s'agissait pas d'une révolution politique mais plutôt d'une « révolution industrielle ». Le mot « révolution » est dérivé du latin *revoluere* qui veut dire « retourner », « renverser », « transformer ». Et en effet la vie humaine n'a jamais subi de transformation si fondamentale, dans un espace de temps aussi court, que lors de la transition d'une société agricole vers une société industrielle.

L'ouvrier industriel moderne ne dépend plus des saisons, ni même du rythme du jour et de la nuit, comme autrefois les paysans. Grâce à la conservation des aliments et aux nouveaux moyens de transport, il est maintenant possible de manger tout au long de l'année des produits qui, longtemps, ne se trouvaient qu'à des saisons précises ; les grandes familles disparaissent ; la population se concentre de plus en plus dans les villes. Pour Smith, pourtant, la différence décisive est la suivante : à l'époque industrielle, on gagne sa vie en échangeant des produits contre de l'argent. Et cet argent s'acquiert de plusieurs manières : par une rente, par un investissement de capital, ou par la vente de sa propre force de travail.

Tout le monde est désormais propriétaire, même les plus démunis. Même celui qui ne possède ni terre ni capital n'en est pas moins, à notre époque industrielle, propriétaire de sa propre force de travail. Il a toujours la liberté de vendre cette force de travail à bas prix sur le marché. Smith tient ce phénomène pour un grand pas en avant :

> Comme la propriété que tout homme a de son propre travail est le fondement primitif de toute autre propriété, elle est la plus sacrée et la plus inviolable de toutes.[13]

Ni l'ouvrier de fabrique, ni même le travailleur agricole ne sont plus liés à la terre et esclaves d'un seigneur, ne vivant que des produits en nature que celui-ci leur accordait. Le travailleur moderne a la liberté de se déplacer. Il peut accumuler, en économisant, un capital propre et s'en servir pour fonder une entreprise à lui. Il peut même émigrer, en Amérique ou ailleurs. A l'époque de Smith, on ne faisait usage de cette liberté que dans une mesure très restreinte. Mais un processus n'en était pas moins amorcé : celui du remplacement de la dépendance unilatérale qui avait caractérisé la société féodale par l'interdépendance générale de notre société industrielle. Le propriétaire de fabrique n'est plus, comme le seigneur féodal, celui dont tout et tous dépendent ; il se trouve dorénavant lui aussi pris dans toute une série de relations d'(inter)dépendance : il ne peut se passer ni des ouvriers qui lui vendent leur force de travail, ni des sous-traitants qui lui fournissent ses matières premières, ni des commerçants et des citoyens consommateurs qui lui achètent ses produits.

Cette interdépendance économique générale qui caractérise les sociétés basées sur le marché et l'échange au stade avancé a pour résultat, dit Smith, une liberté personnelle de plus en plus grande et, finalement, l'égalité de tous devant la loi. Smith enseigne, comme Marx après lui, qu'une transformation matérielle des modes de production a forcément pour suite une transformation de toute la société. Vu leur rôle grandissant dans la vie économique des pays industrialisés, les ouvriers, dit Smith, allaient réclamer avec de plus en plus d'insistance un suffrage universel qui assurerait que le pouvoir politique ne resterait pas l'apanage des seigneurs ni de leurs héritiers immédiats, les grands bourgeois. C'est ce qui se passa un siècle après les prédictions de Smith. Smith prédit aussi le déclin inévitable des corporations qui dominaient encore à son époque l'exercice des différents métiers. Auparavant, le fils du forgeron ne pouvait devenir que forgeron à son tour, le fils du boulanger boulanger, le fils de serf serf, et ainsi de suite. Dans la société moderne, prédit Smith, la division du travail aurait pour conséquence l'effondrement de tout ce système médiéval de communautés de métiers closes. A cet égard aussi, son pronostic s'est avéré vrai.

Le mérite du pronostic de Smith est d'autant plus grand que son époque n'a connu que les tout premiers débuts de cette révolution industrielle. Les premières fabriques et filatures de coton venaient à peine d'être établies. On avait déjà inventé la machine à vapeur, mais les premiers chemins de fer se faisaient encore attendre. C'était donc à des indices encore relativement discrets que Smith reconnut la force explosive du nouveau mode de production. La société fondée sur l'industrie est, après celles fondées sur la chasse, le pâturage et l'agriculture, la quatrième et plus haute étape du développement du genre humain. Ce n'est que suite à l'industrialisation que l'idée d'une richesse partagée par le peuple entier – voire (telle était la grande vision de Smith) par toute l'humanité, paraît réalisable, d'où le titre de son grand ouvrage : « La richesse des nations ».

La division du travail

L'optimisme de Smith s'explique entre autres par les commencements, à son époque, de la division du travail. Smith décrit les avantages de cette nouvelle technique de production industrielle dans le fameux exemple de la manufacture d'épingles :

Un ouvrier [...] pourrait peut-être fabriquer, avec toute son industrie, à peine une épingle par jour, et ne pourrait certainement pas en faire vingt.[14]

Mais de la manière dont cette industrie est maintenant conduite, non seulement l'ouvrage entier forme un métier particulier, niais même cet ouvrage est divisé en un grand nombre de branches, dont la plupart constituent autant de métiers particuliers.

Alors qu'auparavant, la fabrication d'une épingle était l'œuvre d'un seul ouvrier, qui la formait, la forgeait, y appliquait la tête etc., il ne s'occupe dorénavant plus que d'une partie minime du travail de production de l'épingle et, une fois sa tâche accomplie, laisse le produit aux autres ouvriers :

> Un homme tire le fil à la bobille, un autre le dresse, un troisième le coupe, un quatrième l'empointe, un cinquième le meule à l'autre bout pour recevoir la tête ; fabriquer la tête exige deux ou trois opérations distinctes ; la frapper est une activité singulière, blanchir les épingles en est une autre ; c'est même un métier en soi que de piquer les papiers.[15]

Smith avait lui-même visité une telle fabrique, qui employait dix hommes, dont chacun était spécialisé sur une seule étape du processus de production. Il vit de ses propres yeux la rapidité avec laquelle, mille fois au cours d'une seule heure, le premier ouvrier tirait le fil métallique, le deuxième appliquait la tête au bout de l'aiguille, le troisième chauffait et fondait l'ensemble etc. Il put ainsi constater l'énorme augmentation de la productivité réalisée grâce à cette nouvelle manière d'organiser le travail :

> Dix hommes pouvaient donc fabriquer, à eux tous, plus de quarante-huit mille épingles par jour. Chacun, fabriquant un dixième de quarante-huit mille épingles, pouvait donc être considéré comme fabriquant quatre mille huit cent épingles par jour. Mais s'ils avaient tous travaillaient séparément et indépendamment [...] ils n'auraient certainement pas pu en fabriquer chacun vingt, ni peut-être une par jour.[16]

Dans le cas cité, la productivité d'un ouvrier individuel se trouve multipliée, grâce à la division du travail et à la spécialisation, de presque cinq cent fois. On constate une augmentation semblable de la productivité, dit Smith, dans la manufacture des vêtements, grâce à la nouvelle spécialisation sur les étapes individuelles du filage, du tissage, de la teinte et de la couture. Pour la première fois dans l'histoire, le petit peuple n'a plus à se vêtir, comme aux siècles passés, de haillons et de vielles hardes ; avec la nouvelle industrie textile surgit une offre énorme de nouveaux vêtements. Smith s'attendait ainsi à ce que la différence visible entre les riches et les pauvres disparaisse en conséquence de ce processus d'industrialisation. Ici aussi il s'avéra être un visionnaire. Aujourd'hui, dans les grandes villes d'Europe, il est en effet très difficile de distinguer les différences de revenus à l'apparence des passants, comme cela aurait été possible jusque dans les premiers siècles de l'ère moderne.

D'après Smith, la division du travail à l'époque industrielle établit une interdépendance extrême entre les membres d'une société, chacun n'exerçant que sa propre activité très spécialisée et ne pouvant donc créer qu'une partie restreinte d'un produit. Un architecte, par exemple, bien qu'il soit capable, tout seul, de concevoir une maison, n'en a pas moins besoin, pendant le processus de conception, des produits du travail d'autrui : du papier à dessin, des crayons, des règles, ainsi que des vêtements, de la nourriture, un véhicule. Et pour réaliser son projet, il aura également besoin d'un ingénieur pour calculer la statique du bâtiment, ainsi que de maçons, de charpentiers, de couvreurs, et d'électriciens pour réaliser ses plans. Seules les bêtes, ou tout au plus les premiers hommes préhistoriques, ont réellement vécu en autosuffisance, chacun s'occupant à créer lui-même son abri et à se procurer sa nourriture :

> Dans presque toutes les autres races des animaux chaque individu, arrivé à maturité, est entièrement indépendant…Mais l'homme a presque constamment besoin du secours de ses frères et il est vain pour lui de ne l'attendre que de leur bienveillance.[17]

Ici encore, Smith expose sa conception de l'homme comme étant animé essentiellement par l'égoïsme et l'amour propre. Bien que nous soyons toujours dépendants de nos prochains, nous ne pouvons compter sur leur bienveillance et leur amour. Le citadin, par exemple, friand de tomates qui, n'ayant pas de propre jardin potager, est obligé d'aller les chercher chez les paysans, ne peut pas s'attendre à ce que ceux-ci les lui offrent par pure bonté. Au lieu d'appeler à la compassion d'autrui, l'homme a plus de chance de réaliser son intérêt personnel s'il respecte et prend en compte l'égoïsme d'autrui :

> Il aura plus de chances de l'emporter, s'il peut intéresser leur amour propre en sa faveur et leur montrer qu'il est de leur avantage de faire pour lui ce qu'il exige d'eux.[18]

Mais comment faire pour mener autrui à agir dans notre intérêt ? Et comment peut-il être dans l'intérêt d'autrui de me faire du bien à moi ? La réponse que Smith donne à ces questions est, dans sa simplicité, très convaincante : l'argent. Sitôt que je le paie, chacun, même le plus égoïste de mes concitoyens découvre un intérêt à me donner les choses dont j'ai besoin :

> Ce n'est pas de la bienveillance du boucher, du brasseur, ou du boulanger que nous attendons notre dîner, mais du souci qu'ils ont de leur propre intérêt.[19]

Le boulanger qui produit les pains les plus frais et les plus croustillants aux prix les plus bas en vendra le plus grand nombre. Ce n'est donc pas l'amour du prochain mais plutôt son amour propre qui pousse le boulanger à faire de son mieux pour satisfaire au mieux nos besoins.

Le libre-échange

Puisqu'il est dans l'intérêt de chacun de ne produire que les produits que ses talents et son métier le rendent le plus apte à produire, et de les échanger contre d'autres produits dont il a besoin, la division du travail et le commerce d'échange sont la source de toute richesse et de toute prospérité :

> C'est une maxime de tout chef de famille prudent que de ne jamais chercher à faire ce dont l'achat lui reviendra moins cher. Le tailleur n'essaie pas de fabriquer ses

> propres chaussures, mais les achète chez un cordonnier. Le cordonnier n'essaie pas de tailler ses propres vêtements.[20]

Le même principe est valable pour tous les métiers :

> Le fermier n'essaie pas de faire ses chaussures ni ses vêtements, mais emploie ces deux artisans différents. Tous trouvent qu'ils ont intérêt à employer toute leur industrie d'une façon qui leur donne quelque avantage sur leurs voisins, et à acheter avec une partie de son produit [...] toute autre chose dont ils ont besoin.[21]

La division du travail est donc toujours rentable, pour l'individu, mais également, nous dit Smith, pour l'État :

> Ce qui est prudence dans la conduite d'une famille privée ne peut guère être folie dans celle d'un grand royaume.[22]

Si donc un produit se trouve dans un pays donné à un prix plus bas et de meilleure qualité que dans un autre, il est raisonnable de l'acheter dans celui-ci. Les droits douaniers, ainsi que toute politique protectionniste de la part d'État-nations sont dépourvus de sens, selon Smith. L'Etat qui poursuit une telle politique veut fortifier l'économie nationale en empêchant l'importation de marchandises étrangères. Mais il arrive, ce faisant, plutôt au but contraire et affaiblira en fin de compte la prospérité de son économie. Smith en donne une illustration avec son fameux exemple du vin rouge anglais.

Avec beaucoup d'efforts, il est tout à fait possible de faire pousser des raisins à vin, même en Grande-Bretagne avec son climat froid et pluvieux. Si on laisse grimper les vignes sur une muraille en brique, celle-ci stockera la chaleur lors de jours ensoleillés et la transmettra aux vignes une fois la nuit venue. Alternativement, on peut cultiver les vignes dans des serres, en se servant de beaucoup d'engrais.

Mais, en fin de compte, la production d'un vin rouge en Grande Bretagne exige un effort trente fois plus grand que si on l'achetait aux Français. Un gouvernement britannique qui essayerait de protéger la viniculture du pays en empêchant l'importation de vin français au moyen de droits douaniers élevés, ne ferait de bien à personne. Même si on arrivait en effet à décourager les importations, le vin anglais se vendrait à un prix si cher, qu'un ouvrier anglais producteur de pinces aurait besoin de vendre dix de ses pinces avant de pouvoir s'acheter une seule bouteille de vin rouge anglais, alors que pour la valeur de dix pinces, il pourrait normalement acheter trente bouteilles de vin rouge français.

En outre, les Français répondraient sans doute à l'imposition de droits douaniers élevés sur leurs vins en imposant des droits semblables sur les pinces anglaises ; ou bien, ils se mettraient à produire eux-mêmes les pinces dont ils auraient besoin, même s'il leur faudrait pour cela le même investissement disproportionné de temps et d'effort qu'il faut aux Anglais pour produire le vin, la France ne disposant pas des ressources de minéraux de fer dont dispose l'Angleterre. Par ces mesures mercantilistes, les citoyens des deux nations travailleraient trente fois plus pour obtenir au final les mêmes produits. Ainsi, 29 unités temporelles ont été perdues au cours desquelles d'autres biens auraient pu être produits, qui auraient apporté un bénéfice bien plus grand au pays.

Smith était un fervent défenseur du libre-échange international et un critique très sévère du mercantilisme. Les mercantilistes étaient pour la plupart des conseillers et des ministres royaux, qui enseignaient que la meilleure manière d'augmenter la richesse d'une nation était d'encourager les exportations et d'empêcher toute importation afin de faire rentrer et de garder dans le pays un maximum d'or et d'argent. Smith explique :

> On dit que les biens de consommation sont bientôt détruits, tandis que l'or et l'argent sont d'une nature plus durable et [...] pourraient être accumulés des siècles durant, jusqu'à une augmentation incroyable de la richesse véritable du pays.[23]

Smith tient ce raisonnement pour insensé. Il n'y a besoin que d'autant de pièces d'or et d'argent qu'il n'en faut pour la circulation réelle de la monnaie. Amasser des tas de pièces dans des coffres forts ne sert donc à rien :

> [Ceci] est aussi absurde que de tenter d'accroître la bonne chère des familles privées en les obligeant de garder un nombre inutile d'ustensiles de cuisine.[24]

La seule manière d'augmenter la richesse réelle d'un pays, dit Smith, est de faire croitre sa productivité, en veillant par exemple à ce que le plus grand nombre possible de ses habitants ait un emploi :

> Le produit annuel [...] d'une nation ne peut être accru quant à sa valeur par rien d'autre que l'accroissement soit du nombre de ses travailleurs productifs, soit des facultés productives des travailleurs employés précédemment.[25]

Smith compare alors la situation de la Grande Bretagne à celle de l'Allemagne à son époque. Les trois pays qui formaient le Royaume Uni – l'Angleterre, l'Ecosse, et le pays des Galles – ayant abolis tous les droits douaniers à leurs frontières mutuelles, il s'en suivit pour eux une grande prospérité. L'Allemagne, qui était constituée encore au XVIIIème siècle d'une vingtaine de petits États et principautés, présentait à cet égard un contre-exemple effrayant. Un commerçant, nous dit Smith, devait à l'époque, s'il voulait transporter ses produits de la Bavière jusqu'en Prusse, traverser non moins de 14 barrières douanières – un calvaire réglementaire qui avait pour résultat une stagnation presque totale du commerce et de l'économie.

Sa revendication d'un libre échange global, dont on était à l'époque très éloigné, fait partie des grandes idées visionnaires de Smith. Si tous les obstacles mercantilistes et protectionnistes, comme les droits douaniers, étaient abolis et la liberté professionnelle et commerciale rendue possible dans tous les pays, instituant ainsi une mobilité complète, il en résulterait une croissance fabuleuse de l'économie nationale et internationale qui rendrait possible, pour la première fois dans l'histoire, une prospérité partagée par tous les habitants de toutes les nations du monde :

> C'est la grande multiplication des productions de tous les différents arts consécutive à la division du travail qui donne lieu dans une société bien gouvernée à cette opulence universelle qui s'étend jusqu'aux rangs les plus bas du peuple.[26]

Ces économies libérées des vielles contraintes imposées par les corporations professionnelles, des barrières douanières, et de la restriction mercantiliste des importations, Smith les surnomme le « système de la liberté naturelle » :

> Tous les systèmes, soit de préférence soit de restriction, étant ainsi complètement éliminés, le système évident et simple de la liberté naturelle s'établit donc de lui-même. Tout homme, tant qu'il ne viole pas les lois de la justice, est laissé parfaitement libre de poursuivre son propre intérêt à sa guise, et de mettre tant son industrie que son capital en concurrence avec ceux de n'importe quel autre homme ou ordre d'hommes.[27]

Ce plaidoyer, rédigé en 1776, pour une société dans laquelle chacun poursuivrait son activité économique en « pleine liberté » sous la seule condition qu'il respecte les lois, reste encore aujourd'hui, deux siècles et demi plus tard, le principe fondamental et inébranlable du libéralisme économique.

Le libre jeu de l'offre et de la demande

Cela nous amène à l'élément clé de la pensée d'Adam Smith : le libre jeu de l'offre et de la demande et l'action de « la main invisible », « the invisible hand ». Cette doctrine smithienne de la main invisible constitue jusqu'aujourd'hui le cœur de la conception économique dominante dans le monde occidental.

Smith commence par une distinction très simple, à savoir, la distinction entre le prix naturel d'un produit d'une part et son prix de marché (que Smith nomme quelquefois son « prix effectif ») de l'autre. Le prix naturel d'un produit correspond simplement à l'investissement de temps, d'effort et d'argent nécessaire à sa production. Cet investissement est déterminé par trois facteurs.

Le premier facteur déterminant est le temps de travail. Un produit qu'un ouvrier met une semaine à produire coutera naturellement plus cher qu'un produit qu'il peut produire en l'espace d'une seule heure. Le temps de travail était déjà un facteur important à l'époque des chasseurs-cueilleurs. Dans certaines régions par exemple, on troquait un castor contre deux cerfs parce que la chasse au castor exigeait un investissement de temps beaucoup plus grand que la chasse au cerf. La difficulté du travail investi est elle aussi un facteur déterminant du prix naturel – au sens du « prix de production » – d'une denrée. C'est bien pour cela qu'il existe des primes de mauvais temps ou pour le travail de nuit.

Les dépenses liées au lieu de production et à la propriété foncière, comme par exemple les loyers à payer, constituent le deuxième facteur qui rentre en compte dans le calcul du prix naturel d'un produit.

Le troisième facteur correspond à l'investissement de capital, comme le coton que le fabricant doit acheter comme matière première aux producteurs agricoles pour en tisser les vêtements qu'il vend, les métiers à tisser qu'il est souvent obligé d'acheter à crédit, auquel il doit ajouter les taux d'intérêts et d'amortissement qui en résultent. S'ajoute à ce facteur le bénéfice raisonnable que l'entrepreneur réclame comme rémunération de son activité de gérant, son risque entrepreneurial, et de l'investissement de son capital. Car, s'il vendait ses vêtements à un prix qui correspondrait aux seuls coûts de leur production, y compris l'investissement de capital, il ne lui resterait, une fois la matière première achetée et les salaires et le loyer du lieu de production payés, rien pour ses propres besoins et ceux de sa famille. Il faut donc qu'un bénéfice soit généré qui suffise au moins pour satisfaire ses besoins.

En conclusion, le prix naturel correspond au minimum que le fabricant est obligé d'exiger en échange de son produit pour pouvoir payer les ouvriers, le loyer, ses matières premières, les machines et son propre bénéfice. Le prix naturel est donc constitué des coûts salariaux, du loyer, de l'investissement de capital et du bénéfice.

Prix naturel :
prix couvrant tous les coûts de production

Temps de travail Difficulté du travail	**Charge salariale**
Propriété foncière Immeubles	**Loyers**
Machines Matières premières Taux d'intérêt Bénéfice	**Investissement de capital**

→ **Prix naturel**

La seconde catégorie de prix distincte du prix naturel est le prix réel, c'est-à-dire le prix que les consommateurs sont prêts à payer ou, comme nous disons aujourd'hui, le prix de marché. Le prix de marché peut s'écarter très largement du prix naturel, puisqu'il est déterminé uniquement par l'offre et la demande.

Prix de marché :
prix que les acheteurs sont effectivement prêts à payer

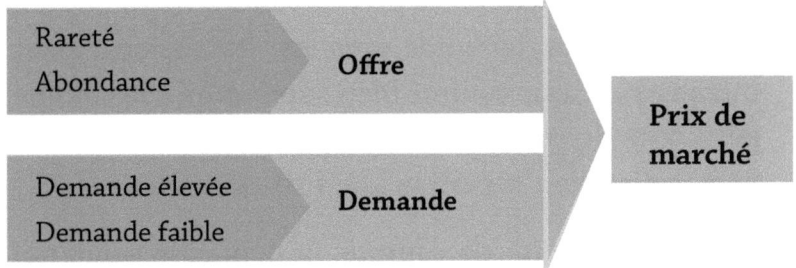

Le prix de marché peut être plus élevé, et parfois même plus bas que le prix naturel. En effet, s'il ne veut pas essuyer de perte, un entrepreneur n'a aucun intérêt à insister à vendre une montre à son prix naturel en expliquant au client que sa production a été très coûteuse. Car sitôt que le stand voisin vend des montres semblables à un prix plus intéressant, notre entrepreneur peut se voir obligé de descendre en dessous du prix naturel, pour pouvoir vendre ses montres. Car en fin de compte, il importe peu au client de savoir combien de temps et d'effort ont dû être investis pour produire la montre. Le client décidera tout simplement s'il veut ou non acheter telle montre à tel prix.

Le prix effectif est donc, en fin de compte, le prix de marché. Dans certaines conditions, celui-ci peut, comme remarqué précédemment, être supérieur aux coûts de production et donc au prix naturel. Si le fabricant a la chance d'être le seul producteur d'un produit très demandé, le prix de celui-ci augmentera. Tant que cette demande persiste, le fabricant peut même exiger une somme bien supérieure à la somme des coûts de production et de son propre bénéfice, c'est-à-dire bien supérieure au prix naturel.

C'est donc, en fin de compte, la demande seule qui détermine le prix effectif d'un produit sur le marché. Mais pour Smith, le prix naturel n'en reste pas moins le plus essentiel. Pourquoi ? Parce que le prix naturel représente une espèce de centre de gravité autour duquel le prix de marché, dans toutes ses variations, tend à se stabiliser. Smith écrit :

> Le prix naturel est donc, pour ainsi dire, le prix central vers lequel les prix de toutes les denrées gravitent continuellement.[28]

Il arrive régulièrement, dit Smith, que le prix réel – c'est-à-dire le prix de marché – d'un produit monte, pour un temps, au-dessus de son prix naturel ou chute au contraire au-dessous de celui-ci. Mais ceci ne dure jamais, en effet, que pour un temps. A la longue, le prix de marché s'oriente toujours au prix naturel, grâce à l'action de ce que Smith appelle « la main invisible ».

La main invisible

L'un des exemples au moyen desquels Smith illustre l'action de la « main invisible » est celui de la manufacture de bas de femmes. Pour notre époque, cette idée se comprend peut-être plus clairement à l'exemple d'un secteur économique plus actuel : celui des téléphones portables. Évidemment, tout type de produit pourrait être utilisé pour illustrer le schéma du libre jeu de l'offre et de la demande.

Dans la première phase de cette industrie, il n'existait qu'un nombre très restreint de fabricants de téléphones portables. Puisque la demande était très haute, ces téléphones pouvaient être vendus à des prix de marché très élevés, disons, par exemple, à un prix de marché de 400 euros chacun. Et puisque le coût de production, c'est-à-dire le prix naturel, ne s'élevait qu'à 200 euros, l'entrepreneur pouvait s'attendre, dans cette première phase, à un bénéfice de 200 euros sur chaque téléphone vendu.

La phase suivante fut alors caractérisée par l'afflux de nouveaux entrepreneurs qui, attirés par la perspective de bénéfices d'une telle envergure, s'établissaient fabricants dans ce secteur. En très peu de temps, l'offre de téléphones portables explosa. La demande restant constante, il y eut une suroffre de téléphones, suivie d'une chute des prix et d'une bataille de prix impitoyable entre les fabricants. Dans de telles conditions, certaines entreprises furent incapables de vendre les téléphones qu'elles avaient déjà produits et furent donc obligées de vendre à perte, disons pour 100 euros ou moins. Ils firent donc une perte de 100 euros par téléphone vendu.

Le prix de marché chuta donc à un niveau inférieur au prix naturel– ce qui ne pouvait pas durer, les entreprises étant dans le rouge, provoquant ainsi le mécontentement des actionnaires. En conséquence, beaucoup de ces entreprises se réorientèrent vers la production d'autres produits. Dans la troisième phase, donc, la production de téléphone baissa. La demande restant constante et les produits devenant plus rares, le prix de marché augmenta au niveau du prix naturel ou même à un niveau légèrement supérieur. A long terme, lors des phases 4, 5 ou 6 de l'évolution de cette industrie, le prix de marché des téléphones portables s'approchera, dans un tel mouvement ondulatoire, toujours plus du prix naturel, jusqu'à ce que le produit coûte juste ce dont le fabricant a besoin pour payer ses ouvriers, ses lieux de production et ses machines, et pour gagner un bénéfice raisonnable pour son investissement de capital. Sitôt, pourtant, que ce bénéfice augmentera, on verra encore une fois un afflux d'entrepreneurs qui feront accroitre l'offre de téléphones, entraînant une fois de plus une chute des prix jusqu'à ce que s'établisse de nouveau un équilibre harmonieux entre l'offre et la demande. A la longue, la quantité de biens produite sera à peu près égale à la quantité dont les consommateurs ont besoin.

C'est à ce mécanisme générateur d'un équilibre entre l'offre et la demande que Smith donne le nom de « main invisible ». Les entrepreneurs individuels ne s'étaient fixé comme but que leur intérêt privé, c'est-à-dire leur bénéfice particulier. Mais ce faisant, ils ont rendu, involontairement, un grand service à la collectivité, comme s'ils étaient guidés par une « main invisible ». Ils ont comblé la pénurie de téléphones portables et en ont fait baisser le prix massivement. En outre, la floraison du secteur de la téléphonie mobile a créé beaucoup de nouveaux emplois et contribué à la croissance économique :

> Comme chaque individu s'efforce dans la mesure du possible [...] d'employer son capital [...] de façon à ce que son produit puisse être de la plus grande valeur, chaque individu travaille donc forcément à rendre le revenu annuel de la société aussi grand que possible.[29]

Selon Smith, donc, la libre concurrence entre les entrepreneurs a pour résultat, grâce au mécanisme de la « main invisible », une optimisation de l'approvisionnement, de la production, et des prix pour la société entière. Il s'agit d'un résultat qu'il ne faut surtout pas sous-estimer. Car l'économie planifiée des États socialistes a causé beaucoup de difficultés. Il y eut par exemple un manque de papier hygiénique. Les responsables de la planification augmentant en réaction la production de papier hygiénique, on se trouva, l'année suivante, en prise avec une surabondance de ce produit, et une pénurie dans un tout autre secteur.

En 1776 déjà, Smith argumenta, contre les mercantilistes, qu'aucun fonctionnaire, ni même une équipe de fonctionnaires, ne sera jamais capable de pourvoir à l'approvisionnement de la population en biens nécessaires, ni de réagir à des éventualités imprévues dans ce domaine, avec une efficacité égale à celle des milliers d'entrepreneurs et de commerçants qui pourvoient tous les jours aux besoins de la population sans aucun autre motif que la recherche de leur profit particulier. Dans une économie capitaliste, les rayons des supermarchés sont toujours pleins, quels que soient les besoins de la population.

C'est cette tendance de l'égoïsme naturel des entrepreneurs à se transformer spontanément en intérêt général de la société entière qui donne la clé, dit Smith, au mystère du succès toujours grandissant de ce qu'il appelle la « commercial society ». Il est intéressant de noter que cette transformation se produit sans que l'entrepreneur individuel en soit conscient, et même souvent à l'encontre de son intention première :

> Certes, il n'entre généralement pas dans son intention de faire avancer l'intérêt public et il ne sait généralement pas non plus combien il le fait avancer [...] En dirigeant [son] industrie de façon que son produit puisse être de la plus grande valeur, il ne vise que son propre gain. Et il est en ce cas, comme en bien d'autres, conduit par une main invisible pour faire avancer une fin qui ne faisait point partie de son intention.[30]

On rencontre dans ce passage encore une fois l'hypothèse anthropologique fondamentale de Smith : à savoir, que l'être humain tend avant tout à la réalisation de son intérêt propre et que ce n'est que de manière involontaire, comme guidé par une « main invisible », que l'individu contribue au bien-être de ses semblables. C'est en ce sens que Smith est profondément sceptique à l'égard de tous ceux qui prétendent agir par altruisme :

> Je n'ai jamais vu beaucoup de bien fait par ceux qui affectaient de commercer pour le bien public.[31]

Or, Smith, à côté de sa profession d'économe, était un important représentant de la philosophie morale. Dans son premier livre, *La Théorie des Sentiments Moraux*, il concède volontiers à l'individu humain la capacité d'éprouver de la sympathie vis-à-vis de ses semblables :

> Aussi égoïste que l'homme puisse être supposé, il y a évidemment certains principes dans sa nature qui le conduisent à s'intéresser à la fortune des autres et qui lui rend nécessaire leur bonheur, quoiqu'il n'en retire rien d'autre que le plaisir de les voir heureux.[32]

Puisque nous sommes capables de nous mettre à la place d'autrui, nous compatissons lorsqu'il souffre et nous réjouissons s'il est heureux. Mais l'être humain n'est pas pour autant un altruiste disposé par nature à s'engager pour le bien de la société. Pour Smith, pourtant, cela ne pose pas problème. L'intérêt particulier de chacun, argumente-t-il, suffit pour garantir la cohésion sociale. Même les plus grands égoïstes de l'Empire Britannique, ses commerçants, sont aptes, dit-il, à contribuer à la cohésion sociale. En effet, même ces marchands qu'il qualifie de cupides sont menés par la main invisible :

> Mais si [...] il n'y a pas d'amour et d'affection réciproques entre les différents membres de la société, celle-ci [...] ne sera pas nécessairement dissoute. La

> société peut se maintenir entre différents hommes comme entre différents marchands, à partir d'un sens de son utilité sans aucun lien réciproque d'amour ou d'affection.[33]

Puisque, dans nos sociétés industrialisées, les professions que nous exerçons sont toutes hautement spécialisées et que nous avons, en conséquence, quotidiennement besoin de nos concitoyens pour échanger biens et services, nous nous trouvons liés l'un à l'autre comme par un lien invisible et constituons donc toujours déjà une société :

Et quoique l'homme qui en est membre n'est lié par aucune obligation, ni par aucune forme de gratitude vis-à-vis d'autrui, la société peut toujours être soutenue par l'échange mercenaire de bons offices selon des valeurs convenues [...] La bienfaisance est l'ornement qui embellit, et non la fondation qui supporte, le bâtiment.[34]

Car le fondement de la vie sociale reste la recherche instinctive du gain. Il s'agit, dit Smith, d'un instinct si profondément enraciné dans la nature humaine qu'aucun processus d'éducation ne peut le faire disparaître. Même les petits enfants font très tôt preuve d'un certain instinct d'acquisition quand ils essayent d'augmenter le nombre de leurs jouets dans le bac à sable et de protéger leur propriété contre les tentatives des autres enfants de la leur arracher. Smith ne se demandait donc pas comment dépasser l'intérêt particulier et le désir de gain puisqu'il voyait dans l'égoïsme de l'être humain une source d'avantage pour la société.

Smith loue finalement cette transformation inconsciente et involontaire de l'intérêt particulier en intérêt général comme le dispositif d'une nature sage et bienveillante, une espèce de moteur qui maintient le monde en marche :

En poursuivant son propre intérêt, il fait souvent avancer celui de la société plus efficacement que s'il y visait vraiment.[35]

Il est dans la nature, donc, de l'individu humain de ne penser qu'à son avantage personnel. Mais l'action de la « main invisible » lui voile le réel motif de son action, qui est de promouvoir l'intérêt général :

La pensée centrale de Camus

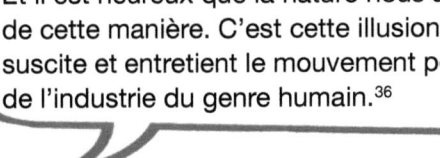

Et il est heureux que la nature nous abuse de cette manière. C'est cette illusion qui suscite et entretient le mouvement perpétuel de l'industrie du genre humain.[36]

On rencontre une idée semblable un demi-siècle plus tard chez Hegel. Celui-ci ne parle pas de la « main invisible » mais de « l'Esprit du Monde » et de la « Ruse de la Raison ». Hegel raconte, par exemple, comment Napoléon, en croyant poursuivre ses ambitions personnelles, aurait réalisé, sans le vouloir ni même le savoir, les desseins de l'Esprit du monde. Il décrit toute une série de personnages historiques qu'il qualifie d' « instruments de l'Esprit du Monde ». Napoléon, dans sa qualité de grand général de la Révolution, a supprimé le système monarchique hérité du passé et a posé, avec son « Code Napoléon », les fondations de l'État de droit moderne. Il croyait, en agissant ainsi, agir de son plein gré, mais n'a finalement accompli que ce qui était nécessaire au progrès historique du genre humain dans le sens de « l'Esprit du Monde », à savoir le remplacement du système féodal par l'État constitutionnel moderne.

Mais qu'est donc « la main invisible » telle que Smith la conçoit ? S'agit-il, comme plus tard chez Hegel, d'une espèce d' « Esprit du Monde », une Raison Divine qui trône au-dessus de l'univers ? Smith parle certes d'une « harmonie divine » qui naît avec la réalisation du « système de la liberté naturelle ». Mais en fin de compte, seul le marché – c'est-à-dire le libre jeu des forces – garantit la stabilité des prix, l'approvisionnement optimal de la société, bref la richesse des nations. Il ne faut donc pas concevoir la « main invisible » de Smith comme un pouvoir métaphysique, comme l'est l' « Esprit du Monde » hégélien. Chez Adam Smith, « la Ruse de la Raison » ne consiste que dans la transformation de l'égoïsme comme instinct premier et fondamental de l'individu en intérêt général grâce au mécanisme du marché. Et comme ce mécanisme de la libre concurrence n'est pas d'origine divine, c'est à l'homme lui-même de veiller à son maintien :

En général, si une branche d'activité, ou une division du travail est avantageuse au public, elle le sera toujours d'autant plus que la concurrence est plus libre et plus générale.[37]

La pensée centrale de Camus

Les devoirs de l'État

La tâche de l'État consiste donc en première ligne à garantir le bon fonctionnement du marché libre et à protéger la société fondée sur l'échange de biens et de services contre toute ingérence intérieure ou extérieure :

Selon le système de la liberté naturelle, le souverain n'a que trois devoirs à remplir, trois devoirs de grande importance [...]

premièrement, le devoir de protéger la société de la violence et l'invasion d'autres sociétés indépendantes.[38]

Ce qui nécessite d'entretenir une armée permanente avec des commandants-en-chef et un ministère de la défense.

> Deuxièmement, le devoir de protéger, autant que possible, chaque membre de la société de l'injustice ou de l'oppression de tout autre membre, ou le devoir d'établir une administration stricte de la justice.[39]

Il faut donc nommer des juges, des avocats, des agents de police et des agents pénitentiaires pour empêcher que règnent la violence et l'arbitraire et que des contrats soient rompus :

> Troisièmement, le devoir d'ériger et d'entretenir certains travaux et institutions publics qu'il ne peut jamais être de l'intérêt d'un individu, ou de quelques individus, d'ériger et de maintenir, parce que le profit ne pourrait jamais en rembourser la dépense.[40]

Smith pense ici à des services comme la collecte des ordures ou les systèmes de canalisation. De tels services ne peuvent pas être confiés à des entreprises privées, étant trop coûteux et ne générant aucun bénéfice.

Un entrepreneur privé qui voudrait se charger de la collecte des ordures de manière à couvrir ses frais ou même à s'assurer un bénéfice serait obligé de d'exiger un prix d'une hauteur correspondante – et les citoyens essaieraient alors de se débarrasser de leurs ordures dans les forêts ou par d'autre moyens. L'État a donc l'obligation de s'en occuper lui-même, même si ce n'est pas rentable, afin de garantir la propreté des villes.

La construction des routes est un deuxième secteur économique qui, de l'avis de Smith, doit rester entre les mains de l'État, puisqu'un entrepreneur privé serait obligé de prélever des frais de péages pour financer les routes et les ponts qu'il aurait construits, ce qui pourrait représenter une entrave au commerce. Bref, pour Smith l'État a certes des devoirs – mais ceux-ci sont limités aux tâches qu'un entrepreneur privé ne pourrait pas accomplir de manière plus efficace. En 1776 déjà, Smith mettait en garde contre la création d'une bureaucratie trop chargée et trop chère :

> Dans la plupart des pays, tout le revenu public, ou presque, est employé à entretenir des bras improductifs.[41]

L'éducation compte aussi, pour Smith, parmi les devoirs indispensables de l'État. Smith défendait même une idée qui était très en avance sur son temps : celle d'une scolarité obligatoire étendue à toute la population. Il réclamait ainsi l'établissement d'écoles gratuites tant pour les enfants que pour les adultes. La justification de cette mesure qu'il expose est très intéressante :

> Dans le progrès de la division du travail l'emploi [...] de la grande masse du peuple vient à se borner à un très petit nombre d'opérations simples, souvent à une ou deux.[42]

Le travailleur à la chaîne, qui n'accomplit tout au long de la journée qu'une seule et même tâche laisse inexercées toutes ses facultés intellectuelles. Il existe donc un danger réel d'abrutissement :

> L'homme qui passe toute sa vie à accomplir un petit nombre d'opérations simples [...] perd donc naturellement l'habitude [d'exercer ses capacités inventives] et devient généralement aussi bête et ignorant qu'une créature humaine peut le devenir [...] Mais dans toute société améliorée et policée c'est là l'état dans lequel tomberont nécessairement les pauvres laborieux, à moins que le gouvernement ne s'efforce de le prévenir.[43]

C'est pour cela que Smith réclame que l'État entretienne et finance généreusement « des institutions pour l'instruction des enfants » et même de « gens de tout âge ».[44]

Mais les devoirs de l'État ne s'étendent pas, pour Smith, au-delà de ces quelques fonctions essentielles que nous venons d'énumérer. Hors des professeurs, juges, avocats, policiers et constructeurs de routes que l'État doit employer, Smith met en garde contre tout grossissement inutile de l'appareil d'État. Il préconise un État qui serait le plus « mince » possible et déconseille même de rémunérer trop généreusement les fonctionnaires :

Les émoluments des charges ne sont pas, comme ceux des métiers et des professions, réglés par la libre concurrence du marché [...] Les personnes qui ont l'administration du gouvernement [sont] généralement enclines à se récompenser et à récompenser leurs dépendants directs plutôt plus qu'assez.[45]

Il faut, dit Smith, retirer aux fonctionnaires toutes les tâches dont les citoyens privés sont capables de se charger. Il est du devoir de l'État de rester aussi passif que possible et de garantir un bon fonctionnement de l'économie de marché. Devant permettre le plus grand épanouissement possible des compétences de ses citoyens, l'État se voit restreint à la fonction d'un veilleur de nuit. Ce terme d' « État-veilleur de nuit » ne provient pas de la plume de Smith, mais de Ferdinand Lassalle qui, un siècle plus tard, critiqua Smith. Celui-ci aurait conçu un État gardien de nuit, donc la fonction se bornerait à empêcher vols et agressions. A l'opposé de cette vision, le socialiste Lassalle défendait l'idéal d'un État social actif, qui protègerait les citoyens par un système d'assurance sociale et qui interviendrait aussi à beaucoup d'autres égards dans la vie économique.

Les impôts comme moyen de redistribution

Pour financer les tâches essentielles de l'État, la défense, le droit, la construction de routes et de canalisation, la collecte des ordures et l'éducation, Smith propose un système fiscal d'imposition progressive. Cela signifie que ceux qui gagnent plus, ou dont les activités commerciales génèrent de grands bénéfices, paient des impôts proportionnellement plus lourds que ceux qui gagnent moins. Smith considère donc le système d'imposition comme une méthode de régulation, afin de répartir les charges pesant sur les individus de manière plus juste.

Il justifie cela en disant que les riches ont moins de mal à payer leurs impôts et qu'en outre, les grands commerçants et fabricants font un usage plus intensif de l'infrastructure d'un pays que n'en fait l'ouvrier moyen. Et en effet, presque tous les pays d'Europe ont adopté aujourd'hui un système d'imposition échelonné selon les revenus, tel que préconisé par Smith. Cependant, il déconseille de taxer les fortunes des mieux-gagnants et des entrepreneurs de manière excessive, car cela les pousserait à déplacer leur activité à l'étranger :

On a dit à juste titre qu'un marchand n'est pas nécessairement le citoyen de quelque pays particulier que ce soit.[46]

Smith en conclut :

Le moindre dégoût lui fera déplacer son capital et avec lui toute l'industrie qu'il soutient, d'un pays à un autre.[47]

Ces propos de Smith semblent prédire les développements ultérieurs de manière étonnement précise, quand l'on considère que les obstacles au déplacement ou à l'internationalisation d'une entreprise étaient sans doute énormes en 1776. Mais Smith a bel et bien été capable de pressentir le danger de la délocalisation et de la suppression d'emplois et la perte d'entrées fiscales qui en résultent.

A quoi nous sert aujourd'hui la découverte de Smith ?

La grande vision d'Adam Smith : la richesse pour tout le monde !

Si l'on considère les développements historiques advenus depuis son époque, la précision des prédictions et des préconisations d'Adam Smith est frappante. Il a ainsi pu prédire il y a deux siècles et demi déjà que l'industrialisation, la spécialisation, et l'introduction du libre-échange déclencheraient un processus énorme de croissance économique avec des répercussions sur les revenus de toute la population.

De larges couches des populations des pays industrialisés, avait-il prédit, participeraient au cours de ce développement à la richesse générale, et tout particulièrement la classe inférieure, le « menu peuple », c'est-à-dire les ouvriers qui vivaient alors de revenus leur permettant à peine de subsister :

À quoi nous sert aujourd'hui la découverte de Smith ?

> C'est la grande multiplication des productions de tous les différents arts [...] qui donne lieu dans une société bien gouvernée à cette opulence universelle qui s'étend jusqu'aux rangs les plus bas du peuple.[48]

Et en effet, comme prédit par Smith, on a assisté, au cours des deux derniers siècles, à une croissance exponentielle du produit national brut de tous les pays industrialisés. Beaucoup d'habitants de ces pays peuvent aujourd'hui se permettre de partir en vacances une fois par an – ce qui était absolument impensable à l'époque de Smith. L'idée souvent citée selon laquelle nous n'aurions jamais aussi bien vécu qu'aujourd'hui est en ce sens tout à fait valide, si l'on considère le pouvoir d'achat des gens. Par rapport à l'Antiquité, au Moyen Age, et jusqu'au XIXème siècle, époques qui connaissaient encore des famines, force est de constater une énorme amélioration du niveau de vie de larges couches de la population des pays industrialisés.

Le deuxième élément principal de l'analyse de Smith – selon lequel le commerce entre les pays et les principautés d'Europe ne pouvait prendre son essor qu'après l'introduction d'une monnaie unifiée et l'abolition des droits de douane – s'est avéré non moins prophétique. Ce que Smith avait prévu et prédit ressemble beaucoup à la Communauté Européenne du XXIème siècle, avec sa monnaie unique et son marché intérieur. Mais la vision de Smith allait encore plus loin. Il envisageait un libre-échange à l'échelle globale auquel participeraient tous les États du monde, et un renoncement général à toutes les taxes sur l'importation. Deux-cent-quarante ans plus tard, ce processus est sur le point d'être achevé. L'Organisation Mondiale du Commerce veille, dans cette optique, à ce que les règles du libre-échange international soient respectées.

On a du mal, pourtant, à considérer aujourd'hui ce déchaînement global du libre-échange avec autant optimisme que Smith au XVIIIème siècle. On pourrait lui objecter que le libre-échange déchainé et la mondialisation se sont avérés aussi être une source de grandes inquiétudes. La délocalisation d'entreprises vers des pays à bas salaires détruit ou risque de détruire des milliers d'emplois. Les vieilles nations industrielles comme l'Angleterre, l'Allemagne, la France, l'Italie, la Russie et les Etats Unis subissent aujourd'hui les effets délétères de la concurrence des pays en pleine expansion comme la Chine, la Corée et les pays de l'Europe de l'Est.

Mais précisément à cet égard, Smith a beaucoup à nous apprendre : le libre-échange et la mondialisation ont pour résultat une égalisation des conditions de vie. Car la richesse n'est pas un bien fixe et solide qu'un pays acquiert une fois pour toutes sous la forme d'or, de matières premières, ou de territoire. La richesse se trouve bien plus là où se trouve un certain esprit d'assiduité et d'application au travail, « the spirit of industry », comme dit Smith. Ce n'est pas la possession, mais plutôt la capacité des pouvoirs productifs de se développer, qui est le facteur déterminant de la « richesse des nations » :

Le produit annuel [...] d'une nation ne peut être accru quant à sa valeur par rien d'autre que l'accroissement soit du nombre de ses travailleurs productifs, soit des facultés productives des travailleurs employés précédemment.[49]

C'est un trait caractéristique du capitalisme, dit Smith, de toujours produire là où la production est la moins chère, c'est-à-dire où les salaires sont les plus bas et où il y a le moins de richesse. Mais sitôt que la production capitaliste est délocalisée dans ces pays-là, elle entraîne automatiquement une augmentation du pouvoir d'achat, des prix et finalement des salaires. La production mondialisée apporte la richesse dans des régions du monde qui n'avaient pu, jusque-là, y participer. Et il n'y aucune raison de s'en affliger. Car à long terme, l'amélioration générale des conditions de vie et l'interdépendance économique croissante entre les nations représentent une garantie de paix entre celles-ci et un remède contre les mouvements nationalistes. Les États qui font partie du système de monnaie et de marché unique de la Communauté Européenne ne se font plus la guerre, ayant adopté des normes juridiques communes. L'accession de la France et de l'Allemagne à la CECA (Communauté Européenne du Charbon et de l'Acier), le noyau primitif de l'Union Européenne d'aujourd'hui, marqua la fin d'une inimitié de plusieurs siècles entre les deux pays. Comme Smith avait prédit, cette interdépendance économique avait pour conséquence une réconciliation sur les plan social et politique.

Le même phénomène se laisse constater sur un plan

plus général. Étant donné sa revendication libérale d'une économie plus libre, Smith regarderait certainement d'un bon œil les développements actuels en Asie. En Chine, par exemple, le niveau de vie et la prospérité générale de la population augmentent à une vitesse incroyable. Le déplacement progressif de la production des pays industrialisés vers les pays émergeants pourrait, à la longue, avoir pour résultat un rapprochement entre les peuples du monde. C'était là, en essence, la grande vision de Smith : une hausse globale du niveau de vie grâce au « système de la liberté naturelle » - en d'autres termes « la richesse des nations ».

Smith était donc tout sauf un nationaliste ou un patriote. Au contraire, en tant qu'économiste et cosmopolite, il plaçait tous ses espoirs dans la dynamique de l'économie globale et son pouvoir unifiant. On ne peut qu'espérer avec lui que notre société actuelle cessera de voir dans la dynamique prodigieuse de la mondialisation une menace et réussira à saisir l'opportunité précieuse qu'elle recèle : celle d'une intégration économique de l'humanité entière.

Le système de la liberté naturelle – l'avertissement contre l'économie planifiée

Grâce au libre-échange et à une concurrence libre sur tous les marchés émergera, pensait Smith, la richesse partagée par les nations du monde entier. Selon lui, le système autorégulateur de l'économie de marché, une fois en marche, s'avérera infiniment supérieur à toute politique économique de planification. Un facteur important, par exemple, qu'on a manqué de prendre en considération dans les économies planifiées est l'effet stimulateur des différences entre les revenus :

> C'est l'intérêt de tout homme que de vivre aussi à l'aise que possible ; et, si ses émoluments doivent être strictement les mêmes, qu'il s'acquitte ou non de quelque devoir très laborieux, il a certainement intérêt [...] à le négliger totalement.[50]

Ainsi, quatre-vingts ans déjà avant la publication du *Manifeste du Parti Communiste* et cent trente ans avant la révolution bolchévique d'octobre 1917, Smith émet un pronostic extrêmement sombre à l'égard des expériences socialistes du vingtième siècle.

Et si l'on songe à l'exemple de l'Union Soviétique – où les cultures des grandes coopératives agricoles, les *kolkhozes*, donnaient des rendements médiocres, alors que les familles paysannes qui formaient ces *kolkhozes* tiraient de leurs petites parcelles de terre privées des récoltes abondantes, qu'ils vendaient sur les marchés locaux à leur propre bénéfice– l'avertissement de Smith se voit une fois de plus confirmé.

A la longue, les États socialistes avec leurs systèmes économiques planifiés ne pouvaient pas rivaliser avec l'économie de marché. La production et le niveau de vie y stagnaient et, une fois ces systèmes achevés, ils laissèrent place au capitalisme victorieux.

Après la débâcle du modèle de l'économie planifiée et du collectivisme, n'est-on pas forcé de conclure, avec Smith, que l'individu n'est vraiment productif que là où on lui accorde un espace de liberté pour qu'il puisse poursuivre son intérêt particulier ?

> S'il est naturellement actif et s'il a l'amour du travail, il a plutôt intérêt à employer cette activité d'une autre façon, dont il peut tirer quelque avantage, qu'à accomplir son devoir, dont il ne peut rien tirer.[51]

Cette critique de Smith n'était évidemment pas dirigée contre l'économie planifiée des États socialistes, qui n'existaient pas encore à son époque, mais contre les mercantilistes qui prônaient, au XVIIème et au XVIIIème siècle, un règlement de l'importation, de l'exportation, et de la production de biens par l'État. Smith était convaincu que des cadres de parti et des fonctionnaires ne pouvaient jamais assurer la production des produits nécessaires au peuple comme le feraient les entrepreneurs et commerçants individuels à la recherche de leur profit. Smith développa ainsi une profonde méfiance à l'égard de toute ingérence d'acteurs politiques dans la vie économique :

À quoi nous sert aujourd'hui la découverte de Smith ?

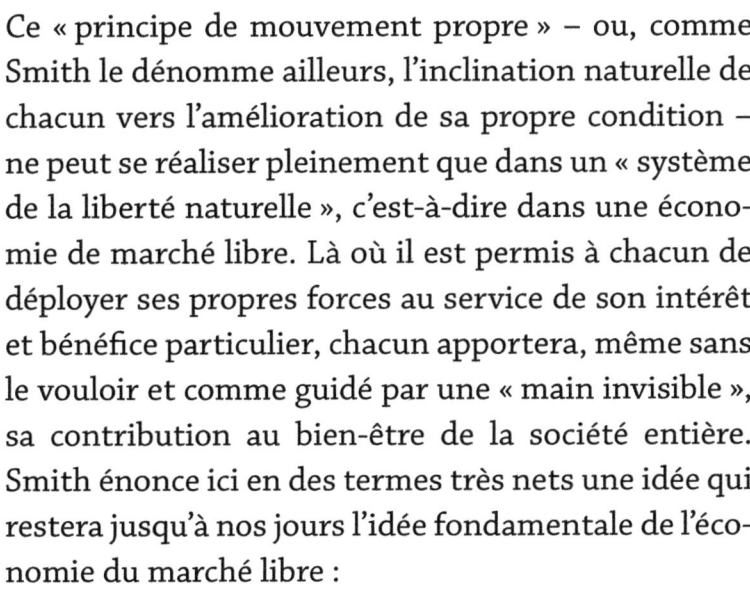

L'homme de système [...] semble imaginer qu'il est capable de disposer les différents membres d'une grande société aussi aisément que la main dispose les différentes pièces sur un échiquier. Il ne s'aperçoit pas que... sur le grand échiquier de la société humaine chaque pièce a un principe de mouvement propre...[52]

Ce « principe de mouvement propre » – ou, comme Smith le dénomme ailleurs, l'inclination naturelle de chacun vers l'amélioration de sa propre condition – ne peut se réaliser pleinement que dans un « système de la liberté naturelle », c'est-à-dire dans une économie de marché libre. Là où il est permis à chacun de déployer ses propres forces au service de son intérêt et bénéfice particulier, chacun apportera, même sans le vouloir et comme guidé par une « main invisible », sa contribution au bien-être de la société entière. Smith énonce ici en des termes très nets une idée qui restera jusqu'à nos jours l'idée fondamentale de l'économie du marché libre :

> En général, si une branche d'activité, ou une division du travail est avantageuse au public, elle le sera toujours d'autant plus que la concurrence est plus libre et plus générale.[53]

Il ne peut pas y avoir de doute que Smith a exprimé, avec sa théorie de la « main invisible », le principe fondamental de fonctionnement et de légitimation de l'économie de marché et qu'il a prédit avec une exactitude étonnante les développements qui marqueraient les développements économiques ultérieurs. Cependant, le cours de l'histoire a également révélé des côtés plus sombres de l'effet de la main invisible. Car le libre jeu de l'offre et de la demande ne s'est pas toujours avéré être le mécanisme autorégulateur et infaillible tel que se l'était imaginé Smith. Dans les années trente du vingtième siècle, par exemple, les nations industrielles ont été frappées par une catastrophe économique d'un genre et d'une envergure que Smith n'avait prédits ni même tenus pour possibles – la crise économique mondiale. La main invisible avait-elle échoué ?

À quoi nous sert aujourd'hui la découverte de Smith ?

Les crises économiques globales – la fin de la « Main Invisible » ?

Le « mardi noir » du 29 octobre 1929, la Bourse de New York s'effondra. Ce fut le début d'une vague de chômage de masse mondiale et de l'expansion d'un secteur d'emplois précaires. La main invisible, le libre jeu des forces, s'effondrèrent. La production stagna, beaucoup d'entreprises réduisirent leurs capacités et licencièrent des centaines d'ouvriers, les salaires dégringolèrent. Or, il existe pour un Smith un seuil au-dessous duquel les salaires ne peuvent jamais tomber :

> Un homme doit toujours vivre de son ouvrage et son salaire doit au moins être suffisant pour son entretien. Il doit même dans la plupart des cas être un tant soit peu supérieur, autrement il serait impossible d'élever une famille et la race d'ouvriers de ce genre ne pourrait pas durer au-delà de la première génération.[54]

C'est pour cela que le salaire ne peut être inférieur à un certain minimum d'existence, du moins pas dans la longue durée.

> Il existe donc un taux déterminé au-dessous duquel il semble impossible de réduire, pendant un grand laps de temps, le salaire ordinaire même de l'espèce plus basse de travail.[55]

Si les périodes pendant lesquelles les salaires tombent au-dessous du minimum nécessaire à la vie ne peuvent être que de très courte durée, la raison en est, encore une fois, à chercher dans ce « jeu de l'offre et de la demande » qui forme le cœur de la théorie smithienne de la vie économique :

> Au cas où [la récompense du travail] serait moindre que ce qu'il faudrait à cet égard, la pénurie des bras l'augmenterait bientôt [...][56]

Les salaires arrêtent de chuter à partir du moment où, à cause de l'émigration ou de la diminution du nombre d'habitant, la main d'œuvre devient si rare que les entrepreneurs se trouvent obligés de rehausser les salaires pour trouver du personnel. En effet, à l'époque de Smith, de nombreux chômeurs, travailleurs journaliers ou agricoles émigrèrent vers l'Amérique pour y chercher leur fortune. Or, cela n'était plus possible lors de la crise économique des années trente, puisque les États-Unis eux-mêmes en étaient touchés. Smith croyait aussi que la croissance économique ininterrompue des pays industrialisés aurait pour résultat une demande toujours plus grande de main d'œuvre. Mais l'espoir de Smith s'est avéré être vain. Depuis l'époque de Smith, le capitalisme vit régulièrement des périodes dramatiques de stagnation et de récession. La dépression qui suivit le krach de 1929 semblait ainsi confirmer les pronostics du grand critique de Smith Karl Marx. La grande vague de faillites, de banqueroutes, et de licenciements de masse réduisit considérablement le pouvoir d'achat de la population et les entreprises qui produisaient encore eurent de plus en plus mal à vendre leurs produits. Elles continuèrent à produire jusqu'à ce que les stocks soient remplis, puis durent elles aussi procéder à des licenciements de masse, n'ayant plus de recettes suffisantes pour payer les salaires. Le pouvoir d'achat diminua, les produits ne se vendaient plus, et tout le circuit économique stagna. Aux effets destructeurs de la crise s'ajoutaient ceux de l'automatisation, qui entraîna la suppression d'encore plus d'emplois, puisqu'un nombre restreint de machines pu alors effectuer le travail de milliers d'ouvriers. S'en suivirent de longues phases de chômage et de misère. Dans certains pays européens, cet effondrement de l'économie eut pour résultat une radicalisation politique de la population. Les masses paupérisées, et les classes moyennes inquiétées élurent des gouvernements fascistes, ce qui mena à la catastrophe de la seconde guerre mondiale. Mais même dans l'après-guerre et jusqu'à nos jours, la montée menaçante du chômage de masse lors des périodes de récession reste un problème non résolu de l'économie de marché.

L'économiste John Maynard Keynes fut parmi les premiers à appeler à ne plus se fier aveuglement à l'action de la main invisible et l'autorégulation de l'économie. L'État ne doit pas se contenter du rôle d'observateur passif et de « veilleur de nuit » du marché ; lors de périodes de crise et de récession, il doit intervenir de manière active dans les mouvements et les processus de l'économie de marché. Keynes a prôné ce qu'on appelle une politique conjoncturelle « contracyclique » :

dans des périodes de bonne conjoncture, c'est-à-dire quand il y a peu de chômage et une haute activité productive, l'État doit augmenter les impôts pour réduire la quantité d'argent en circulation et empêcher que l'économie « surchauffe ». L'argent accumulé de cette façon pourra alors être réintroduit dans le circuit économique lors de périodes de récession. L'État peut ainsi combattre la stagnation du circuit économique en récession en chargeant des entreprises privées d'accomplir des grands travaux infrastructurels (de nouvelles autoroutes etc.). Une telle relance artificielle de l'activité économique – étendue au plus grand nombre de secteurs économique possible – aurait pour effet une diminution du chômage. Avec un redressement de l'emploi, le pouvoir d'achat se redresserait lui-aussi et l'économie regagnerait en vigueur.

Depuis la grande crise des années trente, beaucoup de gouvernements de par le monde adoptent de telles programmes conjoncturels en temps de crise. Cependant, il reste parmi les responsables politiques économiques de notre époque des partisans de la philosophie économique d'Adam Smith dans sa forme pure. Ceux-ci appellent à miser sur les capacités auto-guérissantes du marché, surtout en temps de crise, - c'est-à-dire à faire confiance à la « main invisible » et au libre jeu de l'offre et de la demande. Dans une perspective néo-libérale, le fait qu'il y ait une surproduction générale, un excédent de produits et que de nombreuses entreprises fassent faillite est vu comme épuration du marché, les subventions et les autres aides conjoncturelles n'étant que des interventions artificielles, inefficaces, et même nuisibles. Les entreprises non-rentables – telle est la logique néo-libérale – sont vouées tôt ou tard à l'échec ; attarder cet échec de quelques mois ou de quelques années à l'aide de subventions ou d'autre mesures étatiques ne sert, en fin de compte, à rien ; c'est une erreur fondamentale – insistent encore aujourd'hui les partisans du néo-libéralisme – de s'attendre à ce que les entreprises incapables de s'imposer sur le marché soient subventionnées et maintenues en vie par l'argent des contribuables.

La question de savoir quand l'État doit intervenir et quand il doit se retirer est loin d'être résolue. Même les grandes autorités européennes ont souvent du mal à distinguer les cas où un gouvernement national doit avoir le droit de subventionner une entreprise en difficulté, des cas où de telles subventions représentent une distorsion de marché contrevenant aux lois. Et il arrive en effet de plus en plus souvent que l'Union Européenne interdise les allocations gouvernementales à des entreprises privées, au nom du maintien de la concurrence libre et équitable telle qu'envisagée par Smith. On reconnait ici l'actualité et l'importance de l'exigence de Smith que la vie économique des nations s'organise comme un « système de la liberté naturelle ». Malgré les politiques conjoncturelles initiées par Keynes, l'Europe mise encore sur la libre concurrence. Même lors de périodes de crise, les États restent passifs et ne vont pas au-delà de quelques mesures conjoncturelles. Ce qui veut dire que c'est, une fois de plus, à la main invisible que l'on s'en remet.

De l'État « veilleur de nuit » à l'État providence – l'héritage d'Adam Smith

Bien évidemment, la doctrine smithienne a subi des changements et des réadaptations au cours du temps. Ainsi, une réflexion sur les relations entre l'État et les acteurs économiques mena, notamment en Allemagne, à ce que l'on appelle l'ordolibéralisme, une doctrine qui maintient son attachement au principe smithien de la libre concurrence, tout en y apportant des modifications significatives. Tout comme le keynésianisme, mais plus proche du libéralisme de Smith, l'ordo-libéralisme a été développée comme réponse à la grande crise des Années trente.

Les fondateurs de « l'ordolibéralisme » se sont intéressés principalement à un problème dont Smith n'avait pas tenu compte, à savoir : comment protéger la concurrence libre contre la formation de monopoles et contre les distorsions de la loi du marché pouvant résulter des accords sur les prix entre les grandes entreprises ? S'écartant d'un principe central du libéralisme économique de Smith– selon lequel aucune intervention de l'État dans le mécanisme du marché n'était admissible – les ordolibéraux ont insisté sur le fait que la seule manière de remédier au problème du monopole de certains acteurs économiques était en effet le recours à l'intervention de l'État, par l'établissement d'institutions comme l'Autorité de la Concurrence en France ou les offices de lutte contre les cartels dans d'autres pays. « La concurrence est quelque chose qui s'organise, » a dit un des pères fondateurs de « l'ordolibéralisme », Walter Eucken, « et il incombe à l'État de l'organiser ». Ce grave problème n'était jamais vraiment apparu à l'horizon théorique de Smith. En critiquant les monopoles, il avait pensé principalement aux monopoles gouvernementaux et n'avait pas prévu la nécessité d'établir des institutions pour empêcher la formation de cartels et de monopoles privés.

D'autres points distinguent l'ordolibéralisme, dont la société allemande de l'après-guerre est peut-être l'exemple le plus représentatif mais qui a marqué presque tous les pays européens de la période des Trente Glorieuses, du libéralisme primaire de Smith, notamment son appel en faveur d'un État plus actif que l'État « veilleur de nuit ». Les gouvernements européens des années cinquante jusqu'aux années soixante-dix étaient d'accord sur l'idée que le rôle de l'État devait aller au-delà des quelques tâches que lui assignait Smith, et ce notamment en ce qui concerne le soutien social des citoyens. Il ne suffit pas – tel est devenu le nouveau *consensus sapaient* – que le « souverain », c'est-à-dire l'État, s'occupe des écoles, des travaux publics, et des structures légales. Les États européens de l'après-guerre considèrent ainsi qu'il est de leur devoir de fournir à leurs citoyens des assurances de santé et de retraite et de veiller à la redistribution des richesses et des revenus.

Ce type de relation entre l'État et le marché a reçu des dénominations différentes selon les pays. L'Allemagne a par exemple adopté dans les années cinquante une modèle d' « économie sociale de marché

» ; aux Etats Unis, la politique fortement « dirigiste » que Lyndon Johnson a héritée de Kennedy et qui a transformé la société américaine des années soixante s'appelait celle de la « Grande Société » ; et en France, comme en Grande-Bretagne, on parle de « l'État providence ». Cette « économie sociale de marché », modèle dominant dans beaucoup d'États européens depuis la fin de la seconde guerre mondiale, maintient le principe smithien du libre jeu des forces de l'offre et de la demande, tout en essayant de le réguler par des interventions et des programmes de redistribution par l'État. L'État protège dorénavant contre une misère trop aiguë les travailleurs les plus pauvres, les chômeurs, les enfants, les gens âgés et les malades, finançant ces prestations sociales au moyen du système d'imposition. Smith avait certes recommandé l'adoption d'un système d'imposition échelonné, exigeant des cotisations plus élevées aux riches, mais il était loin d'attribuer à l'État la tâche de redistribuer les richesses. Les attentes envers l'État sont donc beaucoup plus hautes, et l'État-providence a remplacé l'État-veilleur de nuit. Ce qui n'empêche pas qu'avec son concept d'une économie de marché libre, Smith a posé les fondations de notre société moderne.

Jusqu'au aujourd'hui, la Société de Mont Pèlerin, une

association mondiale de sociologues, d'économistes, et d'hommes et femmes politiques qui revendiquent leur affinité avec le libéralisme économique de Smith, se réunit à intervalles réguliers depuis 1947. Y sont représentés des libéraux de toute couleur : des néo-libéraux, des ordolibéraux, tout comme des défenseurs de « l'économie sociale de marché », dont certains arborent fièrement une cravate à l'effigie d'Adam Smith, pour montrer leur parenté spirituelle et intellectuelle avec le fondateur de l'économie de marché.

La grande vision d'Adam Smith était celle d'un monde dans lequel, grâce à la division du travail, la libération de toutes les contraintes corporatives et la suppression des droits de douanes, s'établirait un commerce mondial qui rassemblerait toutes les nations et créerait une prospérité universelle. Aujourd'hui, cette vision s'est réalisée, au moins en grande partie. Bien que les disparités économiques persistent entre les hémisphères nord et sud ainsi qu'au sein des sociétés, on ne peut pas nier qu'une grande amélioration du niveau et de l'espérance de vie pour de grandes couches de la population dans tous les pays a eu lieu.

Ce qui a poussé Smith à concevoir l'espoir d'une prospérité toujours grandissante de tous les citoyens était la pensée à la fois simple et fascinante que, pour la première fois dans l'histoire de l'humanité et grâce au progrès technique et à la spécialisation, l'homme moderne était capable de produire plus qu'il ne pouvait consommer et utiliser lui-même. Comme cela est le cas pour tous les individus, il en découle un échange général des biens de tous genres, qui enrichissent la vie de l'homme contemporain :

> [L'homme moderne] fournit [ses concitoyens] abondamment de ce dont ils ont besoin, et ils l'équipent amplement aussi de ce dont il a besoin, et une abondance générale se répand dans tous les rangs différents de la société.[57]

Index des citations

1. Adam Smith, Enquête sur la Nature et les Causes de la Richesse des Nations, Presses Universitaires de France, Paris, 1995, Livres I-II, p. 16.
2. Ibid. Livres III-IV, p. 513.
3. Ibid. Livres I-II, p. 377.
4. Ibid. p. 12.
5. Joseph Schumpeter, Histoire de l'Analyse Economique, Gallimard, Paris, 1983, Tome I, L'âge des fondateurs, p. 258.
6. Adam Smith, Enquête sur la Nature et les Causes de la Richesse des Nations, Presses Universitaires de France, Paris, 1995, Livres I-II, p. 392.
7. Adam Smith, Théorie des sentiments moraux, Presses universitaires de France, Paris 1999, p. 256
8. Ibid.
9. Adam Smith, Enquête sur la Nature et les Causes de la Richesse des Nations, Presses Universitaires de France, Paris, 1995, Livre V, p. 810.
10. Ibid. Livres III-IV, p. 444.
11. Ibid. Livre V, p. 810.
12. Ibid.
13. Ibid. Livres I-II, p. 143.
14. Ibid. Livres I-II, p. 6.
15. Ibid.
16. Ibid. p. 7.
17. Ibid. p. 16.
18. Ibid.
19. Ibid.
20. Ibid. Livres III-IV, p. 514.
21. Ibid.
22. Ibid.
23. Ibid. Livres III-IV, p. 493.
24. Ibid. p. 494.
25. Ibid. Livres I-II, p. 394.
26. Ibid. Livres I-II, p. 12.

27 Ibid. Livres III-IV, p. 784.
28 Ibid. Livres I-II, p. 67.
29 Ibid. Livres III-IV, p. 512-13
30 Ibid.
31 Ibid.
32 Adam Smith, Théorie des sentiments moraux, Presses universitaires de France, Paris 1999, p. 23.
33 Ibid. pp. 140-41.
34 Ibid. p. 141.
35 Adam Smith, Enquête sur la Nature et les Causes de la Richesse des Nations, Presses Universitaires de France, Paris, 1995, Livres III-IV, p. 512.
36 Adam Smith, Théorie des sentiments moraux, Presses universitaires de France, Paris 1999, p. 256.
37 Adam Smith, Enquête sur la Nature et les Causes de la Richesse des Nations, Presses Universitaires de France, Paris, 1995, Livres I-II, p. 377.
38 Ibid. Livres III-IV, p. 784.
39 Ibid.
40 Ibid.
41 Ibid. Livres I-II, p. 393.
42 Ibid. Livre V, p. 877.
43 Ibid. pp. 877-78
44 Ibid. p. 885 ff.
45 Ibid. p. 980.
46 Ibid. Livres III-IV, p. 479.
47 Ibid.
48 Ibid. Livres I-II, p. 12.
49 Ibid. p. 394.
50 Ibid. Livre V, p. 856.
51 Ibid.
52 Adam Smith, Théorie des sentiments moraux, Presses universitaires de France, Paris 1999, p. 324.
53 Adam Smith, Enquête sur la Nature et les Causes de la Richesse des Nations, Presses Universitaires de France, Paris, 1995, Livres I-II, p. 377.
54 Ibid. p. 79.
55 Ibid.

Déjà paru dans la même série:

Walther Ziegler
Camus en 60 minutes
1ère èdition janvier 2019
84 pages, Poche, € 9,99
ISBN 9782-3-2210-973-9

Walther Ziegler
Freud en 60 minutes
1ère èdition janvier 2019
88 pages, Poche, € 9,99
ISBN 9782-3-2210-969-2

Walther Ziegler
Hegel en 60 minutes
1ère èdition janvier 2019
124 pages, Poche, € 9,99
ISBN 9782-3-2210-965-4

Walther Ziegler
Kant en 60 minutes
1ère èdition janvier 2019
148 pages, Poche, € 9,99
ISBN 9782-3-2210-962-3

Walther Ziegler
Marx en 60 minutes
1ère èdition janvier 2019
104 pages, Poche, € 9,99
ISBN 9782-3-2210-967-8

Walther Ziegler
Nietzsche en 60 minutes
1ère èdition janvier 2019
152 pages, Poche, € 9,99
ISBN 9782-3-2209-114-0

Walther Ziegler
Platon en 60 minutes
1ère èdition janvier 2019
104 pages, Poche, € 9,99
ISBN 9782-3-2210-956-2

Walther Ziegler
Rousseau en 60 minutes
1ère èdition janvier 2019
104 pages, Poche, € 9,99
ISBN 9782-3-2210-960-9

Walther Ziegler
Sartre en 60 minutes
1ère èdition janvier 2019
116 pages, Poche, € 9,99
ISBN 9782-3-2210-971-5

Walther Ziegler
Smith en 60 minutes
1ère èdition janvier 2019
100 pages, Poche, € 9,99
ISBN 9782-3-2210-958-6

À paraître dans la même série:

Walther Ziegler
Adorno en 60 minutes

Walther Ziegler
Arendt en 60 minutes

Walther Ziegler
Habermas en 60 minutes

Walther Ziegler
Foucault en 60 minutes

Walther Ziegler
Heidegger en 60 minutes

Walther Ziegler
Hobbes en 60 minutes

Walther Ziegler
Popper en 60 minutes

Walther Ziegler
Rawls en 60 minutes

Walther Ziegler
Schopenhauer en 60 minutes

Walther Ziegler
Wittgenstein en 60 minutes

Auteur:

Walther Ziegler est professeur d'université et docteur en philosophie. En tant que correspondant à l'étranger, reporter et directeur de l'information de la chaîne de télévision allemande ProSieben, il a produit des films sur tous les continents. Ses reportages ont été récompensés par plusieurs prix. En 2007, il prit la direction de la « Medienakademie » à Munich, une Université des Sciences Appliquées et y forme depuis des cinéastes et des journalistes. Il est l'auteur de nombreux ouvrages philosophiques, qui ont été publiés en plusieurs langues dans le monde entier. Dans sa qualité de journaliste de longue date, il parvient à résumer la pensée complexe des grands philosophes de manière passionnante et accessible à tous.